CONOCE LA CIENCIA ESPACIAL

LA LUNA

BERT WILBERFORCE
TRADUCIDO POR ALBERTO JIMÉNEZ

Gareth Stevens PUBLISHING

ENCONTEXTO

Please visit our website, www.garethstevens.com. For a free color catalog of all our high-quality books, call toll free 1-800-542-2595 or fax 1-877-542-2596.

Library of Congress Cataloging-in-Publication Data
Names: Wilberforce, Bert, author.
Title: La Luna / Bert Wilberforce.
Description: New York : Gareth Stevens Publishing, [2021] | Series: Conoce la ciencia espacial | Includes bibliographical references and index. |
Contents: Our amazing moon -- The moon's size -- What it's made of -- Moon craters -- Gravity and tides -- The moon's phases -- The lunar eclipse --The solar eclipse -- Exploring the moon -- Our moon's beginnings -- Our solar system's many moons.
Identifiers: LCCN 2019047293 | ISBN 9781538260258 (library binding) | ISBN 9781538260234 (paperback) | ISBN 9781538260241 (6 Pack) | ISBN 9781538259290 (ebook)
Subjects: LCSH: Moon--Juvenile literature.
Classification: LCC QB582 .W55 2021 | DDC 523.3--dc23
LC record available at https://lccn.loc.gov/2019047293

First Edition

Published in 2021 by
Gareth Stevens Publishing
111 East 14th Street, Suite 349
New York, NY 10003

Translator: Alberto Jiménez
Editor, Spanish: Rossana Zúñiga
Designer: Sarah Liddell
Editor: Therese Shea

Photo credits: Cover, p. 1 (main) Vadim Sadovski/Shutterstock.com; background used throughout Zakharchuk/Shutterstock.com; p. 5 Siberian Art/Shutterstock.com; pp. 7, 17 Dima Zel/Shutterstock.com; p. 9 Procy/Shutterstock.com; p. 11 GHRevera/Wikimedia Commons; p. 13 Elena11/Shutterstock.com; p. 15 BlueRingMedia/Shutterstock.com; p. 19 Dennis van de Water/Shutterstock.com; p. 21 Natee Jitthammachai/Shutterstock.com; p. 23 (lunar eclipse) Changsgallery/Shutterstock.com; pp. 23 (diagram), 25 (diagram) In-Finity/Shutterstock.com; p. 25 (solar eclipse) THANAKRIT SANTIKUNAPORN/Shutterstock.com; p. 27 Xinhua News Agency/ Contributor/Xinhua News Agency/Getty Images; p. 29 CommonsHelper2 Bot/ Wikimedia Commons.

Printed in the United States of America

CPSIA compliance information: Batch #CS20GS: For further information contact Gareth Stevens, New York, New York at 1-800-542-2595.

CONTENIDO

Las palabras del glosario se muestran en **negrita** la primera vez que aparecen en el texto.

LA ASOMBROSA LUNA

La Luna no es solo un bonito objeto en el cielo nocturno. Es nuestro único satélite natural. Esto significa que la Luna orbita la Tierra (gira alrededor de la Tierra). ¡La vida no sería igual sin ella! Sigue leyendo para saber más cosas sobre nuestra asombrosa Luna.

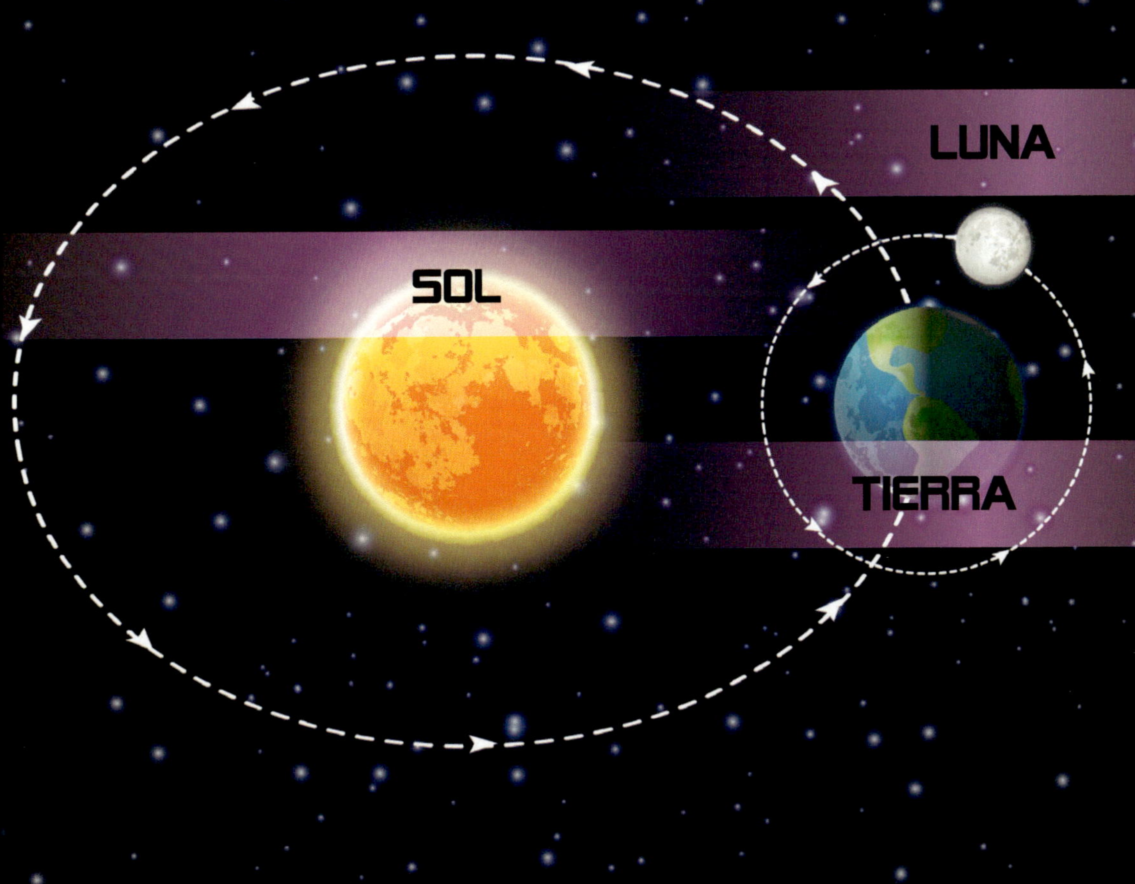

SI QUIERES SABER MÁS

La Tierra es un satélite del Sol. Las **naves espaciales** que orbitan la Tierra se llaman satélites artificiales.

EL TAMAÑO DE LA LUNA

La Luna nos parece pequeña, pero no lo es. De hecho, es una de las lunas más grandes de nuestro **sistema solar**. Tiene unas 2159 millas (3475 km) de diámetro y su circunferencia, su contorno, unas 6784 millas (10,918 km).

SI QUIERES SABER MÁS

La medida o la recta que une dos puntos de un un objeto esférico y que pasa por su centro se llama diámetro. La medida circular de su contorno máximo se denomina circunferencia.

La Luna no nos parece grande porque está a unas 238,855 millas (384,400 km) de nosotros. Sin embargo, como la órbita que realiza alrededor de la Tierra no es exactamente circular, a veces se encuentra más cerca y otras, más lejos. Tarda unos 27 días en orbitar la Tierra una vez.

APOGEO

PERIGEO

SI QUIERES SABER MÁS

El apogeo es el punto de la órbita **lunar** en el que la Luna está más lejos. El perigeo es el punto en el que está más cerca.

DE QUÉ ESTÁ HECHA

La Luna se compone sobre todo de roca. Su **superficie** polvorienta y rocosa se llama *regolito*. Las zonas oscuras, llamadas *marías* o *mares lunares*, alguna vez estuvieron llenas de lava (roca caliente y líquida) de los **volcanes**. Las zonas más claras se llaman *tierras altas*.

SI QUIERES SABER MÁS

Los científicos creen que la Luna tiene un núcleo, o centro, de **metal**.

CRÁTERES LUNARES

La superficie de la Luna tiene miles de cráteres u hoyos. Esto se debe al impacto de meteoritos, fragmentos espaciales de roca o metal, con la superficie de la Luna. ¡Algunos de esos cráteres se originaron hace **miles de millones** de años!

SI QUIERES SABER MÁS

La Luna casi no tiene **atmósfera**, por lo que el tiempo es muy estable y su superficie no se altera por fenómenos como el viento, la lluvia...

GRAVEDAD Y MAREAS

La **gravedad** lunar atrae a nuestro **planeta**. Esto hace que el agua de la Tierra más cercana a la Luna **ascienda**, dando lugar a la marea alta. Al mismo tiempo, el agua más alejada de la Luna también tiene una marea alta, ¡porque la Tierra está siendo alejada del agua!

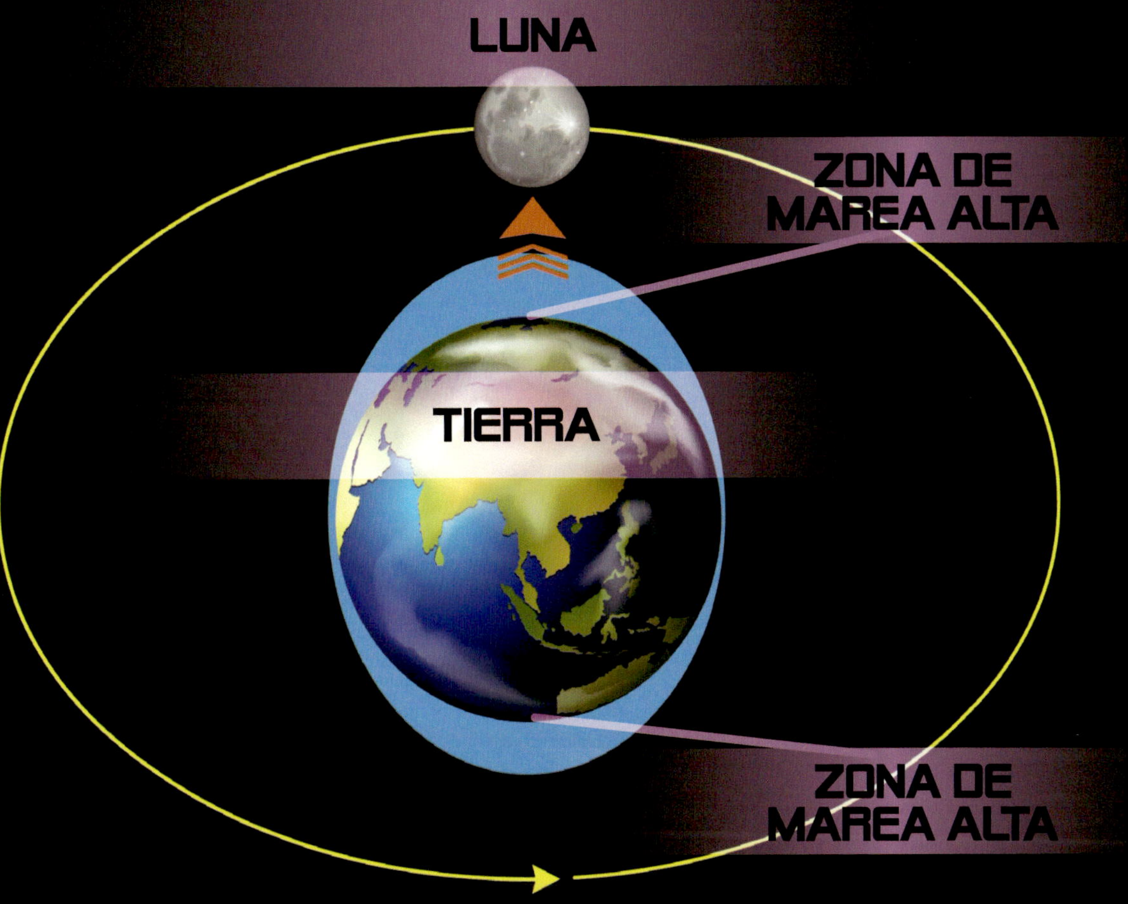

SI QUIERES SABER MÁS

El tiempo que transcurre entre dos mareas altas es de unas 12 horas y 25 minutos.

FASES DE LA LUNA

Te preguntarás por qué la Luna cambia de forma cada noche; ¡no lo hace!, pero es lo que nos parece. La Luna no emite luz propia, sino que refleja la luz que recibe del Sol.

SI QUIERES SABER MÁS

Las diferentes formas de la Luna que observamos se llaman fases. Ciertas fases reciben nombres especiales.

La fase luna nueva se origina cuando la Luna está ubicada entre el Sol y la Tierra; entonces, la Luna se ve oscura porque el Sol ilumina la cara que no vemos. Después de esta fase, la Luna crece, es decir, la parte que vemos se va agrandando noche tras noche.

SI QUIERES SABER MÁS

Un ciclo es un período de tiempo que incluye una serie de fenómenos. El ciclo de las fases lunares dura 29 días y medio.

Cuando la Tierra se ubica entre la Luna y el Sol, vemos la fase de luna llena. En esta fase, la Luna se ve como un círculo. Después, la Luna mengua, es decir, parece reducir su tamaño noche tras noche, hasta que vuelve a la fase de luna nueva.

SI QUIERES SABER MÁS

Una Luna iluminada en más de la mitad, pero sin llegar a ser llena, es una luna convexa. Una Luna iluminada en menos de la mitad es una luna cóncava.

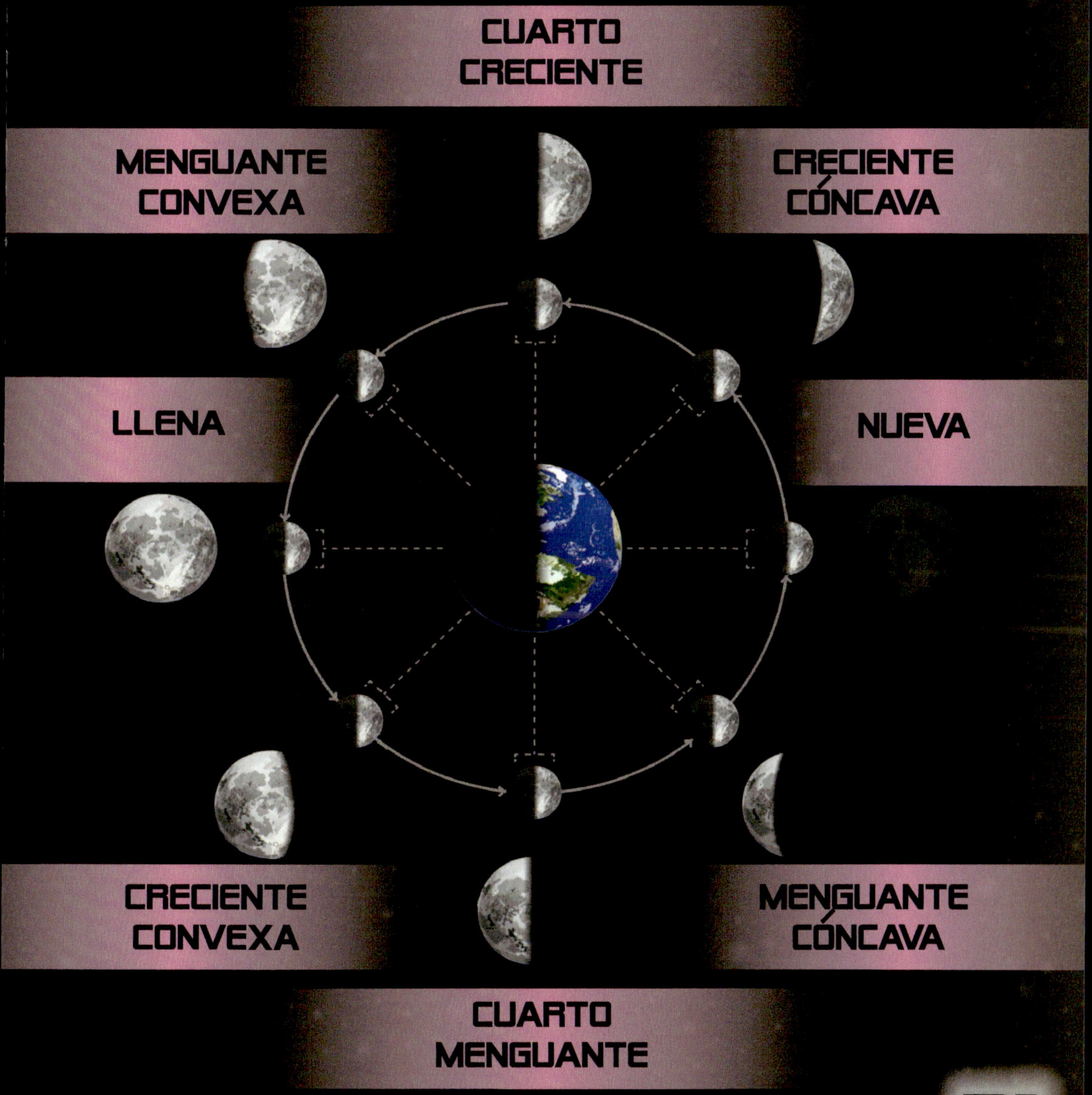

CUARTO CRECIENTE

MENGUANTE CONVEXA

CRECIENTE CÓNCAVA

LLENA

NUEVA

CRECIENTE CONVEXA

MENGUANTE CÓNCAVA

CUARTO MENGUANTE

ECLIPSE LUNAR

A veces, la Luna, la Tierra y el Sol se alinean debido a sus movimientos de traslación. Entonces, la sombra de la Tierra cae sobre la Luna e impide que le llegue luz solar; además, la atmósfera de la Tierra hace que la Luna se vea roja o naranja. Esto se denomina *eclipse lunar total*.

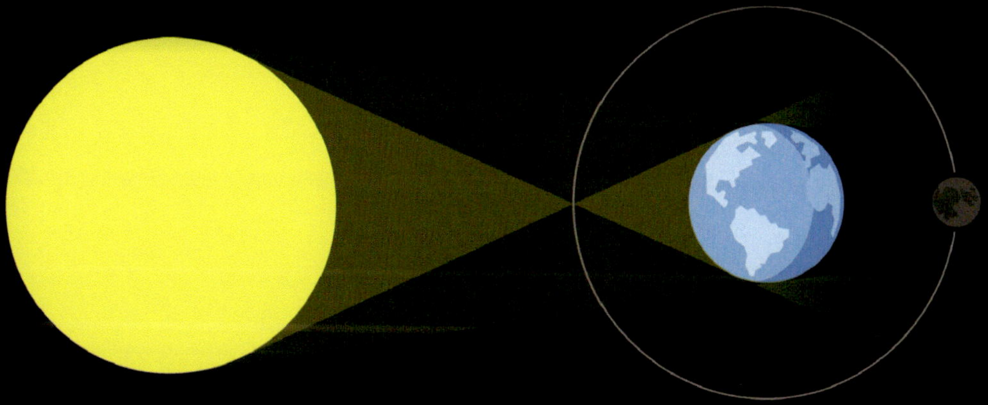

SI QUIERES SABER MÁS

Cuando la Tierra bloquea parte de la luz solar que recibe la Luna, vemos un eclipse lunar parcial.

ECLIPSE SOLAR

En ciertas ocasiones, la Luna se ubica entre el Sol y la Tierra. Entonces, la Luna parece un círculo negro rodeado por un anillo de luz. Esto se llama eclipse solar total. *Solar* es algo relativo al Sol o relacionado con él.

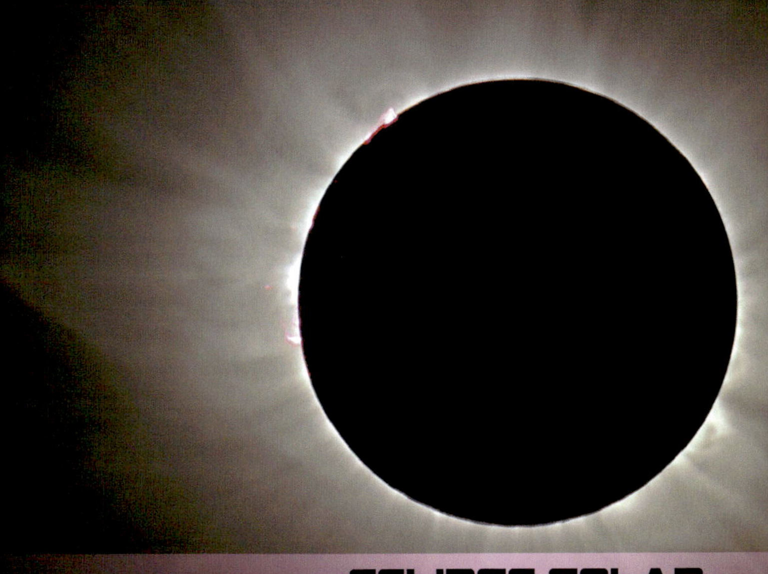

ECLIPSE SOLAR TOTAL

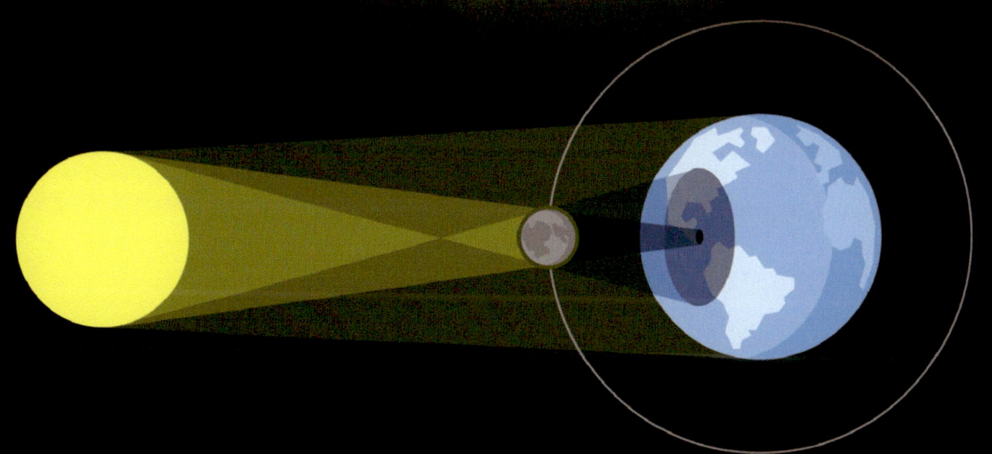

SI QUIERES SABER MÁS

Si la Luna bloquea el Sol parcialmente, se produce un eclipse solar parcial. Los eclipses solares solo deben verse con lentes especiales u otro equipo adecuado.

EXPLORAR LA LUNA

El 20 de julio de 1969, ¡aterrizamos en la Luna, es decir, alunizamos! Neil Armstrong y Buzz Aldrin fueron los primeros astronautas que caminaron sobre ella. Trajeron rocas para que los científicos las estudiaran. Otras **misiones** lunares llevaron nuevas naves espaciales a nuestro satélite.

SI QUIERES SABER MÁS

En 2019, China alunizó la primera nave en la cara oculta de la Luna; nunca vemos este lado porque la Luna tarda lo mismo en rotar una vez que en realizar una órbita.

ORIGEN DE LA LUNA

Muchos científicos creen que la Luna se formó cuando un cuerpo celeste, del tamaño del planeta Marte, se estrelló contra la Tierra. La gravedad unió los fragmentos resultantes del choque y formó la Luna. ¡Estudiar nuestro único satélite natural nos ayuda a comprender los inicios de nuestro sistema solar!

SI QUIERES SABER MÁS

Otros planetas y **planetas enanos** tienen lunas. Los científicos han confirmado, o comprobado, ¡que ciertos asteroides también las tienen!

LAS MUCHAS LUNAS DEL SISTEMA SOLAR

PLANETA	LUNAS CONFIRMADAS	LUNAS SIN CONFIRMAR	TOTAL
Mercurio	0	0	0
Venus	0	0	0
Tierra	1	0	1
Marte	2	0	2
Júpiter	53	26	79
Saturno	53	29	82
Urano	27	0	27
Neptuno	14	0	14
PLANETAS ENANOS			
Plutón	5	0	5
Eris	1	0	1
Haumea	2	0	2
Makemake	0	1	1
Ceres	0	0	0

GLOSARIO

ascender: subir de un sitio a otro más alto.

atmósfera: mezcla de gases que rodea un planeta.

gravedad: fuerza que atrae los objetos hacia el centro de un planeta, una estrella o una luna.

lunar: relacionado con la Luna.

metal: elemento duro y brillante presente en el terreno; por ejemplo, el hierro o el cobre.

mil millones: 1,000 millones; 1,000,000,000.

misión: tarea o trabajo que un grupo debe llevar a cabo.

nave espacial: vehículo para viajar por el espacio.

planeta: gran cuerpo esférico que orbita una estrella y ha despejado sus alrededores de pequeños cuerpos celestes.

planeta enano: cuerpo que, sin ser una luna, orbita una estrella y dispone de la gravedad necesaria para ser esférico, pero no ha despejado sus alrededores.

sistema solar: el Sol y todos los cuerpos celestes que lo orbitan, incluyendo los planetas y sus lunas.

superficie: capa superior de un planeta o una luna.

volcán: abertura en la superficie de un planeta a través de la cual fluye a veces roca caliente y líquida.

PARA MÁS INFORMACIÓN

LIBROS

Buckley, James, Jr. *The Moon*. New York, NY: Penguin Young Readers, 2016.

Sommer, Nathan. *The Moon*. Minneapolis, MN: Bellwether Media, 2019.

SITIOS DE INTERNET

Datos sobre la Luna

www.natgeokids.com/au/discover/science/space/facts-about-the-moon

¿Cuántos de estos hechos lunares conoces?

La Luna

spaceplace.nasa.gov/search/moon/

Revisa esta información proporcionada por la NASA.

Nota del editor para educadores y padres: nuestro personal especializado ha revisado cuidadosamente estos sitios de Internet para asegurarse de que son apropiados para los estudiantes. Muchos sitios de Internet cambian con frecuencia, por lo que no podemos garantizar que posteriores contenidos que se suban a esas páginas cumplan con nuestros estándares de calidad y valor educativo. Tengan presente que se debe supervisar cuidadosamente a los estudiantes siempre que tengan acceso al Internet.

ÍNDICE